Das ultimative Anti-Stress-Buch für Eltern

IMPULS
VERLAG

1. Auflage
Deutschsprachige Erstausgabe,

ISBN: 978-3-911368-08-7

Aus Gründen der Lesbarkeit wird geschlechtsneutral formuliert.Sämtliche Personenbezeichnungen gelten gleichermaßen für alle Geschlechter.

ELTERN, DIE ALLES IM GRIFF HABEN ...

UND ANDERE MÄRCHEN

DAS ULTIMATIVE ANTI-STRESS BUCH FÜR ELTERN

Ein praktischer und humorvoller Ratgeber für die täglichen Herausforderungen

Vorwort

Liebe Eltern,

der Wäscheberg grüßt euch aus dem Bad, der Abwaschturm im Spülbecken gleicht dem Schiefen Turm von Pisa, und die Staubkörner tanzen zu dem Geschrei im Hintergrund – weil ihr das Toast mal wieder falsch durchgeschnitten oder den Becher in der falschen Farbe verwendet habt – einen „Ich muss mal wieder staubsaugen"-Tanz. Puh, da laufen euch die Schweißperlen bereits während des Lesens über die Stirn? Kein Wunder, denn Entspannung sieht anders aus …

Wer kennt es nicht: Ihr beginnt den Tag mit einem Sprint aus dem Bett, während ihr gleichzeitig das Frühstück zubereitet und das Haustier füttert. Und dann, wenn ihr denkt, ihr könntet euch jetzt endlich auch mal hinsetzen und durchatmen, hört ihr schon das erste „Mama! Papa!". Denn wir Eltern wissen, dass ein Moment der Ruhe im Bad ein seltener Luxus ist, den wir mit viel Glück erleben können. Aber was solls – wie sagt man so passend? Nur der Dampf vom kalten Kaffee macht schön oder etwa nicht?

Inmitten von Spielzeugbergen, angefangenen Hausaufgaben und dem unvermeidlichen Drama um das falsche Paar Socken, den zu groß geschnittenen Apfel und die geschälte Banane (weil das Kind sie gerne selbst schälen wollte), versucht ihr täglich den Balanceakt zwischen Elternsein, Arbeit und eurem eigenen Wohlbefinden zu meistern. Es soll doch angeblich so einfach sein, auf Social Media zeigen alle schließlich immer, wie perfekt sie Haushalt, Kinder, Arbeit, Freunde und Selbstfürsorge unter einen Hut bekommen!

Die Wahrheit sieht jedoch anders aus. Denn die Scheinwelt der sozialen Medien spiegelt natürlich nicht die Realität wider. An den meisten Tagen wäre es einfacher, eine Zirkusvorstellung einzustudieren, als die eigene Familie zu managen. Zumindest wäre ersteres einmal wirklich unterhaltsam.

Genau aus diesem Grund haben wir „Buchtitel" geschaffen – einen Begleiter, der euch mit Humor, praktischen Tipps und Entspannungstechniken dabei unterstützt, den täglichen Wahnsinn in den allermeisten Fällen mit einem Lächeln auf den Lippen zu überstehen. Denn jeder von uns verdient es, zwischendurch durchzuatmen und sich ein bisschen zu verwöhnen – und zwar nicht in den drei Minuten auf der Klobrille oder in den fünf Minuten unter der Dusche. Nein: Es ist wichtig und unabdingbar, auf euch selbst zu achten, im Alltag bewusste Pausen zu schaffen und euch auf der Prioritätenliste auch mit auf die ersten Stellen zu setzen. Wie heißt es im Volksmund so treffend? Man kann nicht aus einem leeren Kelch gießen. Ein Auto fährt nicht ohne Benzin und eine leere Batterie kann kein Gerät zum Laufen bringen.

Lasst uns also gemeinsam ein wenig Entspannung in den Alltagswahnsinn bringen – mit einem Buch, das nicht nur hilft, sondern auch herzlich zum Lachen einlädt.

Seid ihr bereit, den Stress zu entschärfen und ihn von nun an immer häufiger mit Humor zu nehmen? Denn Stress ist schließlich die meiste Zeit über für die Hüter von kleinen Menschen präsent und leider nicht vollständig wegzuzaubern. Es ist jedoch eure Entscheidung, wie ihr ihn auffasst und mit ihm umgeht. Wenn ihr ihm mit einem Augenzwinkern und klugen Taktiken die Schwere nehmen möchtet, ist dieses Buch genau das Richtige für euch!

Herzlichst,

Andrea Hoffmann

Inhaltverzeichnis

Kapitel 1: Morgenroutine-Chaos

„Die Morgenroutine mit Kindern ist wie ein Marathon, den man im Schlafanzug läuft."

Bestimmt habt ihr schon einmal bemerkt, wie eure Atmung schneller wird, wenn sich Stress in eurem Körper ausbreitet. Eure Atmung wird außerdem flacher und irgendwie habt ihr das Gefühl, nicht genug Luft in eure Lunge pressen zu können. Diese Schnappatmung – wie man sie fast schon nennen könnte – ist ein Gastgeschenk des Stresses, das bei euch keine Freude weckt. Schließlich leidet euer gesamtes Wohlbefinden darunter. Umso wichtiger ist es, eure Atmung zu nutzen, um den Stress zu senken und die Entspannung zu fördern.

Indem ihr euch bewusst auf eure Atmung konzentriert, entspannt sich euer ganzer Körper und die gesamte Muskulatur. So muss der Stress muss wohl oder übel sein Gastgeschenk zurücknehmen. Ihr könnt wieder besser, länger und tiefer atmen und somit sehr viel entspannter bleiben. Atemübungen sind so etwas wie der Schwimmring, der euch hält, wenn ihr im Meer des Stresses schwimmt. Er trägt euch sanft durch die Wellen und bringt euch sicher zum Entspannungsufer. Gemeinsam mit euren

Kindern könnt ihr diese fantasievollen Atemübungen ausprobieren:

- **Atmet wie ein Lama:** Stellt euch vor, ihr seid Lamas in den Brgen und atmet tief ein und aus, während ihr die frische Bergluft genießt.

- **Die schnarchende Schnecke:** Atmet so langsam ein und aus, dass es klingt, als ob ihr schlafende Schnecken wärt, die gemütlich vor sich hin schnarchen.
- **Der summende Bienenschwarm:** Macht beim Einatmen summende Geräusche wie ein Bienenschwarm, der um Blumen herumfliegt, und atmet dann entspannt aus.
- **Der gigantische Luftballon:** Stellt euch vor, dass ihr euch beim Einatmen wie riesige Luftballons aufbläst und beim Ausatmen langsam die Luft entweichen lasst, bis ihr schließlich ganz entspannt seid.

- **Die Windmühle:** Streckt eure Arme aus und dreht euch langsam im Kreis, während ihr tief ein- und ausatmet, als würdet ihr wie Windmühlen durch die Luft drehen.

- **Die gemütliche Katze:** Stellt euch vor, ihr seid gemütliche Katzen in der Sonne und genießt jeden Atemzug mit einem entspannten Schnurren.

- **Der aufgeregte Vogel:** Atmet schnell ein und aus wie kleine Vögel, die aufgeregt von Ast zu Ast hüpfen, bevor ihr euch auf einen ruhigeren Rhythmus einstellt.

- **Die tanzende Blume:** Steht auf den Zehenspitzen und streckt die Arme in die Luft wie tanzende Blumen im Wind, während ihr tief und ruhig atmet.

- **Die stürmische See:** Atmet tief ein und stellt euch vor, wie ihr auf einem Boot durch eine stürmische See fahrt, bevor ihr bei jedem Ausatmen die Wellen beruhigt.

- **Der schlafende Bär:** Legt euch auf den Boden, entspannt euch vollständig und atmet tief ein und aus, während ihr euch vorstellt, große Bären im Winterschlaf zu sein.

Viel Spaß beim Ausprobieren dieser Übungen
zusammen mit euren Kindern!

Entspannte Morgenroutine

- **Vorbereitung am Vorabend:** Legt eure Kleidung für den nächsten Tag am Vorabend bereit, um morgendliche Entscheidungen zu minimieren.

- **Wecker früher stellen:** Stellt euren Wecker 15 Minuten früher ein, um mehr Zeit für den Morgen zu haben.

- **Feste Aufstehzeit:** Versucht, jeden Tag zur gleichen Zeit aufzustehen, um eine Routine zu etablieren.

- **Morgenplan erstellen:** Erstellt eine Liste mit den Aufgaben für den Morgen, um nichts zu vergessen.

- **Gemeinsames Frühstück:** Plant, das Frühstück als Familie zu genießen, um den Tag gemeinsam zu beginnen.

- **Aufgaben delegieren:** Weist Familienmitgliedern Aufgaben zu, um die Last aufzuteilen.

- **Sanfte Weckmusik:** Verwendet sanfte Musik als Wecksignal, um den Tag entspannt zu beginnen.

- **Effiziente Badezimmerzeit:** Teilt die Badezimmerzeit ein, um Wartezeiten zu minimieren.

- Sinnvolle Kombinationen: Kombiniert sinnvolle Aufgaben wie Zähneputzen während des Duschens, um Zeit zu sparen. Beachtet jedoch, dass Multitasking nicht empfohlen wird, da unser Gehirn dafür nicht geschaffen ist, zwei Aufgaben, die hohe Konzentration erfordern, gleichzeitig zu erledigen.

- **Belohnungssystem:** Verwendet ein Belohnungssystem für die Kinder, um sie zu motivieren, ihre Morgenroutinen einzuhalten. Seid dabei jedoch sensibel und beachtet, dass Strafen und Belohnungen nicht immer die beste Motivation sind, besonders wenn es um tägliche Routinen geht. Es gibt Tage, an denen wir alle schlechte Laune haben und die Routine nicht einhalten wollen – das betrifft Kinder genauso wie Erwachsene.

Witzige Morgenrituale

- **Die Schnell-Anziehen-Challenge:** Schaut, wer von euch am schnellsten aus dem Bett springen und sich anziehen kann, ohne etwas zu vergessen.

- **Die Wecker-Symphonie:** Macht ein lustiges Geräusch oder singt zusammen, wenn der Wecker klingelt, um den Morgen mit einem Lächeln zu beginnen.

- **Der Frühstücks-Rap:** Erfindet einen kurzen Rap oder ein lustiges Lied über das Frühstück und singt es gemeinsam, während ihr das Essen vorbereitet.

- **Das Wettrennen um die Zahnbürste:** Wer schafft es schneller zur Zahnbürste zu rennen und sich die Zähne zu putzen? Startet ein kleines Rennen, um den Morgen aufzuheitern.

- **Die Socken-Suche:** Macht eine kleine Suche nach den passenden Socken für den Tag und habt Spaß dabei, sie zu finden.

- **Das Ritual des guten Morgens:** Begrüßt euch gegenseitig mit einer lustigen Geste oder einem Handschlag, um den Tag positiv zu beginnen.

- **Das Stau-Spiel im Badezimmer:** Erfindet eine lustige Geschichte darüber, wer zuerst ins Badezimmer darf, und bringt damit alle zum Lachen.

- **Das Turbo-Frühstück:** Seht, wer das Frühstück am schnellsten vorbereiten kann, ohne etwas zu vergessen oder umzustoßen.

- **Die Schuhe mit dem Raketenstart:** Schnappt euch eure Schuhe und macht ein kleines Rennen, um zu sehen, wer als Erstes bereit für den Tag ist.

- **Das Abenteuer des gemeinsamen Aufstehens:** Plant gemeinsam den Tag und stellt sicher, dass jeder seine wichtigsten Aufgaben kennt und erledigt.

Hier sind ein paar zusätzliche Tipps für einen achtsamen Start in den Tag:

- Genießt noch einen Moment im Bett und lauscht den Geräuschen in eurer Umgebung.

- Überlegt gemeinsam mit den Kindern, was sie sich für den Tag wünschen.

- Beginnt den Tag damit, euch zu überlegen, wofür ihr dankbar seid.

Kapitel 2: Unaufgeräumte Spielzeuglandschaften

„Unser Wohnzimmer: Wo das Spielzeug eine eigene Lebensform entwickelt"

- **Die Spielzeug-Monsterjagd:** Geht auf die Jagd nach den „Spielzeug-Monstern", die im Zimmer verstreut sind. Benutzt dabei lustige Geräusche und gebt euch als mutige Monsterjäger aus.

- **Das große Spielzeug-Rennen:** Ordnet die Spielzeuge in Linien auf dem Boden an und lasst sie dann um die Wette laufen, um sie zurückzuräumen.

- **Das Versteckspiel mit den Stofftieren:** Versteckt die Stofftiere im Zimmer und lasst die Kinder sie suchen und wieder an ihren Platz zurückbringen. Diese Idee kann süß und unterhaltsam sein, aber sie könnte auch zusätzlichen Aufwand beim Aufräumen verursachen und mehr Zeit in Anspruch nehmen. Daher sollte sie nur dann umgesetzt werden, wenn ausreichend Zeit und Lust vorhanden sind.

- **Die Zeitraffer-Aufräum-Challenge:** Startet einen Timer und seht, wie schnell ihr das Zimmer aufräumen könnt. Belohnt euch danach, indem ihr gemeinsam etwas Schönes unternehmt. Je schneller ihr fertig seid, desto schneller könnt ihr diese schöne Sache gemeinsam genießen.

- **Der magnetische Spielzeugfänger:** Benutzt einen magnetischen Besen oder eine Spielzeugmagnetrolle, um die kleinen Spielzeuge aufzusammeln, die überall verstreut sind.

- **Das Bagger-Ballett:** Tut so, als ob ihr Baggerfahrer seid, und verwendet Spielzeugbagger oder andere Spielzeugfahrzeuge, um die Spielzeuge aufzuräumen.

- **Die Schatzsuche nach Spielzeug:** Verwandelt das Aufräumen in eine Schatzsuche, bei der ihr versteckte „Spielzeug-Schätze" im Zimmer findet und sammelt. Diese Idee kann süß und spannend sein, aber es könnte schwierig sein, die Motivation aufrechtzuerhalten, wenn nicht regelmäßig neues Spielzeug in der Schatzkiste versteckt wird.

- **Die Turbo-Tornado-Methode:** Dreht euch wie ein Tornado durch das Zimmer und räumt dabei alles Spielzeug auf, das euch im Weg steht.

- **Das Zauberstab-Zaubertrick-Spiel:** Gebt den Kindern „Zauberstäbe" (Besen oder Spielzeuge) und lasst sie mit ihren „Zaubertricks" die Spielzeuge in die richtigen Regale oder Körbe befördern.

- **Das Sammelkartenspiel:** Erstellt Spielkarten mit Bildern von verschiedenen Spielzeugen und sammelt die entsprechenden Spielzeuge, um Punkte zu sammeln. Jeder Spieler erhält eine Belohnung für seine Teilnahme, um sicherzustellen, dass jeder Spaß am Spiel hat und niemand enttäuscht wird.

Kreative Aufräumideen

1. **Das magische Spielzeug-Verschwinden:** Stellt euch vor, dass ihr Zauberer seid und die Spielzeuge durch Magie verschwinden lassen könnt, indem ihr sie in Kisten oder Körbe zaubert.

2. **Die Spielzeug-Bildergalerie:** Erstellt eine „Bildergalerie" an der Wand, wo die Kinder ihre Spielzeuge nach Kategorien oder Farben sortieren und präsentieren können.

3. **Die Spielzeug-Straßenparade:** Ordnet die Spielzeuge wie bei einer Parade entlang einer „Spielzeugstraße" an und lasst die Kinder entscheiden, welches Spielzeug als nächstes „marschieren" soll.

4. **Das Spielzeug-Kreuzworträtsel:** Erstellt ein Kreuzworträtsel auf Papier oder mit Karten, wo jedes gelöste Rätsel ein Spielzeug repräsentiert, das zurückgeräumt werden muss.

5. **Der Spielzeug-Zählwettbewerb:** Zählt die Spielzeuge zusammen und fordert die Kinder heraus, die Anzahl der Spielzeuge zu erraten, bevor sie richtig in die Spielzeugkisten sortiert werden.

6. **Das Geheimagenten-Spiel:** Tut so, als wärt ihr Geheimagenten und findet versteckte Spielzeuge mit einer „Geheimagenten-Lupe", die dann sicher in die geheime Spielzeugbasis gebracht werden müssen.

7. **Die Spielzeug-Insel:** Baut eine „Spielzeuginsel" auf dem Boden aus Kissen und Decken und platziert jedes Spielzeug wie ein eigenes Gebäude auf der Insel, das zurückgebracht werden muss.

8. **Der Farb-Sortier-Spaß:** Gebt den Kindern die Aufgabe, ihre Spielsachen nach Farben zu sortieren und in ent-

sprechende farbige Boxen oder Körbe zu legen. Das macht das Aufräumen zu einem spielerischen Erlebnis und ist weniger zeitaufwändig für die Eltern.

9. **Die Spielzeug-Symphonie:** Spielt Musik und räumt die Spielzeuge rhythmisch im Takt der Musik auf, um eine lustige und koordinierte Aufräumaktion zu machen.

10. **Das Spielzeug-Kunstwerk:** Baut ein „Kunstwerk" aus den Spielzeugen auf dem Boden und fotografiert es, bevor ihr die Spielzeuge zurück in ihre Kisten bringt.

Tipps für schnelles Aufräumen und Organisieren

1. **Tägliche Aufräumroutine:** Etabliert eine tägliche Aufräumroutine, z.B. vor dem Schlafengehen oder nach dem Spielen, um das Spielzeug schnell zurückzuräumen.

2. **Sortieren nach Kategorien:** Verwendet verschiedene Kisten oder Behälter, um Spielzeug nach Art (z.B. Autos, Puppen, Bausteine) zu sortieren, was das Aufräumen erleichtert. Für einige Eltern ist es jedoch einfacher, einfach alles in Kisten zu räumen, wenn die Kinder während des Spielens alles wieder auf dem Boden verteilen. Es kann mühsam sein, alles wieder in die „richtige" Kiste zu sortieren.

3. **Regelmäßiges Ausmisten:** Geht regelmäßig mit den Kindern durch das Spielzeug und trennt euch von nicht mehr genutzten oder kaputten Gegenständen, um Platz zu schaffen. Wenn ihr wisst, dass bestimmte Dinge

seit mehr als einem Jahr nicht mehr benutzt oder erwähnt wurden, könnt ihr diese auch ausmisten, wenn das Kind nicht da ist. Manche Kinder können sich schwer von Sachen trennen, weshalb das gemeinsame Ausmisten oft schwierig ist. Alternativ könnt ihr ein Tauschgeschäft anbieten: Für fünf (oder auch mehr) ausgemistete Spielsachen gibt es ein neues Spielzeug.

4. **Spielzeugaufbewahrung im Zimmer:** Platziert offene Regale oder Kisten im Kinderzimmer, damit die Kinder leichter auf das Spielzeug zugreifen und es auch selbstständig zurückräumen können.

5. **Spielzeugrotation:** Bewahrt nicht alle Spielzeuge gleichzeitig auf, sondern verwendet eine Spielzeugrotation, um die Auswahl zu begrenzen und das Aufräumen zu erleichtern.

6. **Aufräumspiel:** Verwandelt das Aufräumen in ein Spiel, z.B., wer kann die meisten Spielzeuge in 5 Minuten aufräumen, um die Motivation der Kinder zu steigern

7. **Aufbewahrungslösungen mit Deckeln:** Verwendet Kisten oder Boxen mit Deckeln für weniger benutzte Spielzeuge oder als langfristige Aufbewahrungslösung, um das Zimmer ordentlich zu halten.

8. **Etiketten für Spielzeugkisten:** Beschriftet die Kisten oder Boxen mit Bildern oder Etiketten, damit die Kinder wissen, wo jedes Spielzeug hingehört und es leichter zurückräumen können.

9. **Eltern-Kind-Teamwork:** Räumt gemeinsam mit den Kindern auf und nutzt dies als Gelegenheit, Zeit miteinander zu verbringen und gute Aufräumgewohnheiten zu fördern.

10. **Belohnungssystem:** Einige Eltern verwenden ein einfaches Belohnungssystem, z.B. eine kleine Belohnung oder ein Aufkleber für jedes erfolgreich aufgeräumte Spielzeug, um positive Verstärkung zu bieten. Während Belohnungssysteme dazu beitragen können, das Aufräumen zu fördern, gibt es auch Bedenken bezüglich ihrer langfristigen Wirksamkeit und der potenziellen Abhängigkeit der Kinder von Belohnungen. Eltern sollten abwägen, ob sie ein solches System nutzen möchten und gegebenenfalls andere Strategien zur Motivation ihrer Kinder in Betracht ziehen.

Kapitel 3: Schlafmangel

„Schlafmangel: Wenn Kaffee dein bester Freund und der Wecker dein größter Feind wird."

Humorvolle Schlafrituale für Kinder:

1. **Die Geschichte vom verschlafenen Teddy:** Erzählt eurem Kind eine lustige Geschichte über einen Teddybären, der so müde ist, dass er überall einschläft.

2. **Das Schlaflied-Roulette:** Lasst euer Kind jeden Abend ein neues Schlaflied aus einer Liste auswählen und singt es gemeinsam, bis es einschläft.

3. **Die Traumwolke:** Bittet euer Kind, sich vorzustellen, wie es auf einer flauschigen Wolke schwebt und auf ihr langsam in den Schlaf gleitet.

4. **Die Gutenachtgeschichte mit Tiergeräuschen:** Erfindet eine Gutenachtgeschichte, in der euer Kind Tiergeräusche nachahmen muss, bevor es zur nächsten Seite der Geschichte übergeht.

5. **Das Zählen der Schäfchen 2.0:** Lasst euer Kind nicht nur Schafe zählen, sondern auch andere Tiere oder lustige Dinge wie fliegende Elefanten oder tanzende Roboter.

6. **Das Sandmännchen-Theater:** Spielt mit Schattenfiguren oder Fingerpuppen eine kleine Geschichte über das Sandmännchen, das die Kinder sanft ins Traumland bringt.

7. **Die Pyjama-Modenschau:** Macht aus dem Zubettgehen ein kleines Event, bei dem euer Kind verschiedene Pyjamas vorführt und dann den besten für die Nacht auswählt.

8. **Das Einschlaf-Hörspiel:** Nehmt zusammen mit eurem Kind ein kurzes Hörspiel auf, das es sich vor dem Schlafengehen anhören kann, um sich zu entspannen und die Fantasie anzuregen.

9. **Der magische Schlummertrunk:** Bereitet gemeinsam eine fantasievolle „Schlafenszeit-Limonade" zu, die magische Kräfte hat und dabei hilft, schnell einzuschlafen.

10. **Das Kuscheltier-Schlaf-Bootcamp:** Organisiert ein „Kuscheltier-Schlaf-Bootcamp", bei dem euer Kind seinen Kuscheltieren beibringt, wie man einschläft, mit sanften „Einschlaf-Tricks" wie langsames Atmen, Entspannungsgeschichten, leiser Entspannungsmusik, sanfter Massage, Visualisierung und einem speziellen Schlafritual. So wird das Kuscheltier-Schlaf-Bootcamp zu einer schönen Möglichkeit, um das Einschlafen spielerisch und entspannend zu gestalten.

So klappt´s mit dem Schlaf!

Schlaf ist unglaublich wichtig für die Gesundheit und das Wohlbefinden eures Kindes! Während des Schlafs durchläuft der Körper eine Vielzahl an Regenerationsprozessen. Die Immunabwehr wird gestärkt, das Wachstum gefördert und das Gehirn verarbeitet das Gelernte des Tages. Ausreichender Schlaf verbessert außerdem die Stimmung eures Kindes, fördert seine Konzentration und hilft ihm, sich tagsüber frisch und energiegeladen zu fühlen. Eine gute Schlafqualität unterstützt zudem die kognitive Entwicklung und emotionale Stabilität.

Daher solltet ihr eurem Kind unbedingt dabei helfen, gute Schlafgewohnheiten zu entwickeln. Das klappt zum Beispiel, indem ihr eine ruhige und gemütliche Schlafumgebung schafft und eine regelmäßige Schlafenszeit-Routine etabliert. So wird euer Kind jeden Tag bestmöglich vorbereitet, um die Abenteuer des Tages zu meistern! PS: Denkt unbedingt auch an eure eigene Schlafhygiene und lasst euch dafür von den Tipps für euer Kind inspirieren!

- **Regelmäßige Schlafenszeiten:** Schafft eine regelmäßige Schlafenszeit-Routine für Kinder und Erwachsene, um den Körper an einen festen Schlaf-Wach-Rhythmus zu gewöhnen.

- **Schlafumgebung optimieren:** Achtet darauf, dass das Schlafzimmer eures Kindes ruhig, dunkel und angenehm kühl ist, um die besten Voraussetzungen für erholsamen Schlaf zu schaffen. Falls euer Kind Angst im Dunkeln hat, kann ein sanftes Nachtlicht helfen, eine beruhigende Atmosphäre zu schaffen.

- **Bettzeitrituale einführen:** Etabliert entspannende Bettzeitrituale wie Vorlesen, leise Musik oder sanftes Massieren, um den Übergang vom Wachsein zum Schlaf zu erleichtern.

- **Technikfreie Zone:** Schaffteine technikfreie Zone im Schlafzimmer, indem ihr elektronische Geräte wie Smartphones und Tablets mindestens eine Stunde vor dem Schlafengehen ausschaltet.

- **Entspannungstechniken für Eltern:** Praktiziert Entspannungstechniken wie tiefe Bauchatmung, Meditation oder progressive Muskelentspannung, um Stress abzubauen und leichter einschlafen zu können.

- **Schlafhygiene fördern:** Achtet auf eine gute Schlafhygiene, z.B. durch regelmäßige körperliche Aktivität am Tag, begrenzten Koffeinkonsum und eine ausgewogene Ernährung.

- **Auf Schlafsignale achten:** Erkennt und reagiert auf die Schlafsignale eures Kindes, um Übermüdung zu vermeiden und den richtigen Zeitpunkt zum Einschlafen zu nutzen.

- **Powernaps einplanen:** Nutzt kurze Powernaps (ca. 20-30 Minuten), um tagsüber Energie aufzutanken, besonders wenn der Nachtschlaf unterbrochen wurde.

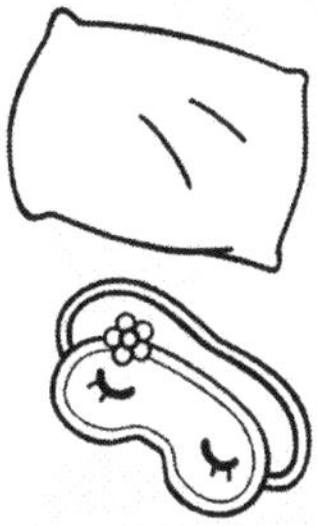

- **Schlaftraining für Kinder:** Wendet sanfte Schlaftrainingstechniken an, die eurem Kind helfen, eigenständig einzuschlafen und im Bett zu bleiben, ohne aufwachen zu müssen.

- **Gemeinsames Entspannen:** Schafft gemeinsame Entspannungszeiten als Familie, z.B. mit gemeinsamem Vorlesen oder ruhigen Spielen, um den Tag harmonisch ausklingen zu lassen und auf den Schlaf vorzubereiten.

Entspannungstechniken

- **Autogenes Training:** Führt eine kurze autogene Entspannungsübung durch, indem ihr euch auf die Schwere und Wärme eurer Gliedmaßen konzentriert, um euch zu entspannen.

- **Stressball:** Haltet einen Stressball bereit und nutzt ihn während des Telefonierens oder Wartens auf das Essen im Ofen.

- **Lächeln und Augen schließen:** Schließt die Augen und lächelt für eine Minute, wenn ihr euch gestresst fühlt, z.B. während des Wartens auf die Kinder oder während der Arbeit am Computer.

- **Kurze Yoga-Pausen:** Macht eine schnelle Yoga-Pose wie den „Kindergarten-Krieger", um die Muskeln zu strecken und den Geist zu beruhigen. Die „Kindergarten-Krieger"-Pose, auch bekannt als „Virabhadrasana I", ist eine kraftvolle und stabile Yoga-Haltung. Stellt eure Füße etwa hüftbreit auseinander und macht mit dem rechten Fuß einen großen Schritt nach vorne. Beugt euer rechtes Knie, sodass es direkt über eurem Knöchel ist, während euer linker Fuß fest auf dem Boden bleibt. Hebt eure Arme gerade nach oben, die Handflächen zeigen zueinander, und schaut nach vorne oder leicht nach oben. Haltet diese Position und atmet tief ein und aus. Diese Pose stärkt eure Beine und Arme und fördert gleichzeitig eure Balance und Konzentration.

- **Wasser trinken:** Trinkt ein Glas Wasser in kleinen Schlucken und konzentriert euch auf das kühle Gefühl und den Geschmack, um euch zu entspannen.

- **Aromatherapie mit Zitrusfrüchten:** Reibt eine Orangen- oder Zitronenschale zwischen den Fingern und atmet den Duft tief ein, während ihr durch das Haus geht.

- **Kurze Gehpausen:** Macht eine kurze Runde durch den Garten oder das Wohnzimmer, um frische Luft zu schnappen und den Kopf freizubekommen.

- **Bunte Bilder anschauen:** Betrachtet ein paar bunte Kinderzeichnungen oder Naturbilder auf dem Handy, um den Geist zu beruhigen.

- **Eins nach dem anderen:** Reduziert Stress, indem ihr euch auf eine Aufgabe konzentriert und euch selbst belohnt, wenn ihr sie abgeschlossen habt.

- **Höre Musik:** Schaltet Musik ein, die euch gefällt, und tanzt kurz, um den Stress abzubauen. Alternativ könnt ihr auch Podcasts während des Kochens, Putzens oder anderer Aktivitäten hören.

Kapitel 4: Essensschlachten

„Essenszeit mit Kindern ist wie eine Reality-TV-Show: unvorhersehbar und manchmal etwas chaotisch."

Pizza-Gesichter machen:

Zutaten: Mini-Pizza-Teiglinge,
Tomatensoße,
Käse, Gemüse (Paprika, Oliven, Tomaten),
Salami oder Schinken.

Anleitung:
Formt die Teiglinge zu Gesichtern und lasst die Kinder ihre eigenen lustigen Gesichter mit den Zutaten gestalten. Backt sie dann im Ofen, bis der Käse geschmolzen ist.

Regenbogen-Spießchen:
Zutaten: Bunte Früchte wie Erdbeeren, Ananas, Melone, Kiwi
und Blaubeeren,
dazu Marshmallows
oder Käsestücke.

Anleitung:
Schneidet die Früchte in mundgerechte Stücke und lasst die Kinder bunte Spießchen zusammenstellen, indem sie die Früchte abwechselnd auf Holzspieße stecken.

Brotgesichter mit Gemüsehaaren:

Zutaten: Vollkornbrote,
Frischkäse oder Hummus,
verschiedene Gemüsestreifen
(Karotten, Gurken, Paprika).

Anleitung:
Streicht Frischkäse oder Hummus auf die Brotscheiben und lasst die Kinder Gemüsestreifen als „Haare" auflegen, um lustige Gesichter zu gestalten.

Nudel-Kunstwerke:

Zutaten: Verschiedene Nudelsorten
(z.B. Spiralen, Penne),
Tomatensoße,
Käse,
Gemüse (Brokkoli, Erbsen).

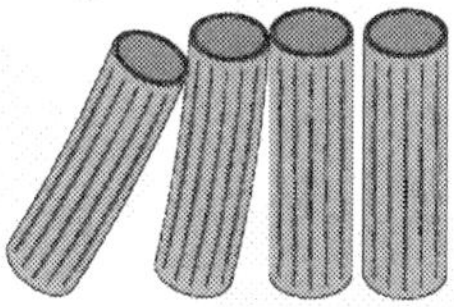

Anleitung:
Kocht die Nudeln al dente, lasst sie abkühlen, damit die Kinder mit Tomatensoße, Käse und Gemüse kreative Muster und Bilder auf den Tellern gestalten können.

Wraps als Rollen:

Zutaten:
Tortilla-Wraps,
Hähnchen- oder
Gemüsestreifen,
Salat,
Käse,
Dressing oder Guacamole.

Anleitung:
Belegt die Wraps mit den Zutaten und rollt sie auf. Schneidet sie dann in kleine Rollen, die wie Sushi aussehen, und serviert sie als lustige Fingerfood-Variante.

Praktische Tipps für stressfreie Mahlzeiten

1. **Meal Prep:** Bereitet Mahlzeiten im Voraus vor, z.B. am Wochenende, um stressige Wochentage zu entlasten. Schneidet Gemüse vor, kocht Reis oder bereitet Soßen zu.

2. **Einfache Rezepte:** Verwendet einfache Rezepte mit wenigen Zutaten, die schnell zubereitet werden können, wie One-Pot-Gerichte oder Pfannengerichte.

3. **Familienbuffet:** Richtet ein Familienbuffet ein, wo jeder sich selbst bedienen kann, was den Druck reduziert, dass alle zur gleichen Zeit essen müssen.

4. **Saisonales Einkaufen:** Wählt saisonales Gemüse und Obst aus, das günstiger und frischer ist und das Essen vielfältiger gestaltet. Ein Besuch auf dem Wochenmarkt zusammen mit den Kindern könnte dabei ein besonders schönes Erlebnis sein.

5. **Gemeinsames Kochen:** Beteiligt die Kinder am Kochprozess, indem ihr sie einfache Aufgaben übernehmen lasst, wie z.B. Gemüse waschen oder Nudeln umrühren.

6. **Dekoration der Speisen:** Verziert das Essen mit lustigen Formen oder Gesichtern, um es für Kinder attraktiver zu machen und sie zum Essen zu ermutigen.

7. **Gemeinsames Essen:** Schafft eine entspannte Atmosphäre beim Essen, ohne Ablenkungen wie Fernsehen oder Handys, um die Mahlzeit gemeinsam zu genießen.

8. **Flexibilität:** Seid flexibel mit euren Erwartungen an das Essverhalten der Kinder und ermutigt sie, neue Lebensmittel in ihrem eigenen Tempo auszuprobieren.

9. **Positive Verstärkung:** Lobt die Kinder für ihr Essverhalten und ermutigt sie, gesunde Entscheidungen zu treffen, ohne Druck auszuüben.

10. **Gemeinsame Zeit:** Nutzt die Mahlzeiten als Gelegenheit für Gespräche und gemeinsame Zeit als Familie, um die Bindung zu stärken und den Stress des Tages abzubauen.

Essensspiele

1. **Farbenspiel:** Ermutigt eure Kinder dazu, Gemüse nach Farben zu essen. Zum Beispiel könnt ihr sagen: „Schaut mal, wer entdeckt zuerst die grünen Bohnen auf seinem Teller?" Beim Essen ist es wichtig, dass Kinder auf ihr eigenes Körpergefühl hören. Es geht nicht darum, einen Wettbewerb beim Essen zu veranstalten, da dies dazu führen könnte, dass Kinder etwas essen, das sie vielleicht nicht mögen, nur weil es ein Spiel ist.

2. **Geschmacksprobe:** Lasst die Kinder raten, welche Art von Gemüse sie essen, indem sie die Augen schließen und nur den Geschmack erkennen.

3. **Gemüseessen ohne Wettbewerb:** Ermutigt eure Kinder dazu, Gemüse zu essen, ohne einen Wettkampf zu veranstalten oder Belohnungen zu ge-

ben. Wichtig ist, dass sie dabei auf ihr Körpergefühl achten.

4. **Zahlenzählen:** Zählt gemeinsam, wie viele Brokkoli-Röschen oder Karottenstifte ihr essen könnt, während ihr die Mahlzeit genießt. Dabei geht es nicht um einen Wettbewerb!

5. **Gemüsetausch:** Tauscht Gemüsesorten, um neue Geschmacksrichtungen auszuprobieren und das Essen interessanter zu gestalten.

6. **Fingerfood-Freuden:** Lasst die Kinder das Gemüse in lustige Formen schneiden oder mit Dip kombinieren, um es attraktiver zu machen. Oder lasst sie das Essen einfach mit den Fingern essen – zum Beispiel an einem „Piraten-Tag", an dem das Essen ausschließlich mit den Händen gegessen wird. Geeignete Speisen hierfür sind zum Beispiel Mini-Sandwiches, Obst- und Gemüsesticks, Hähnchenschenkel, Käsewürfel, Trauben, Mini-Pfannkuchen oder Wraps.

7. **Picknick im Wohnzimmer:** Macht ein Picknick im Wohnzimmer mit gesun-

den Snacks und ladet die Kinder ein, ihre Mahlzeiten auf einer Picknickdecke zu genießen.

8. **Schatzsuche:** Versteckt kleine Portionen Gemüse auf dem Teller und fordert die Kinder auf, sie zu finden und zu essen. Achtet dabei darauf, dass das Essen nicht vermischt wird, da viele Kinder sonst nichts mehr davon essen möchten.

9. **Kochwettbewerb:** Verwandelt das Kochen in ein spielerisches Erlebnis, indem ihr gemeinsam einfache Gerichte wie Sandwiches oder Sommerrollen zubereitet und verkostet. So können auch kleine Kinder mitmachen, ohne dass es für die Eltern in große Arbeit ausartet, da keine heißen Herdplatten oder scharfen Messer benötigt werden.

10. **Hilfe beim Einkaufen:** Lasst die Kinder bei der Auswahl von Gemüse im Supermarkt helfen.

Kapitel 5: Hausaufgaben-Dramen

Hausaufgabenzeit: Wo 1+1 manchmal 5 ergibt, aber am Ende alle etwas lernen.“

Jedes Kind ist einzigartig und individuell. Einige Kinder benötigen nach der Schule zunächst Ruhe und können nicht sofort mit ihren Hausaufgaben beginnen. Andere Kinder hingegen erledigen diese sofort nach der Schule und entspannen sich danach. Es ist entscheidend, die Bedürfnisse jedes Kindes zu erkennen und ihm entsprechend Flexibilität zu gewähren.

Konflikte bei den Hausaufgaben entstehen häufig, wenn Eltern den Zeitpunkt festlegen, an dem ihre Kinder sie erledigen sollen, anstatt sie selbst entscheiden zu lassen.

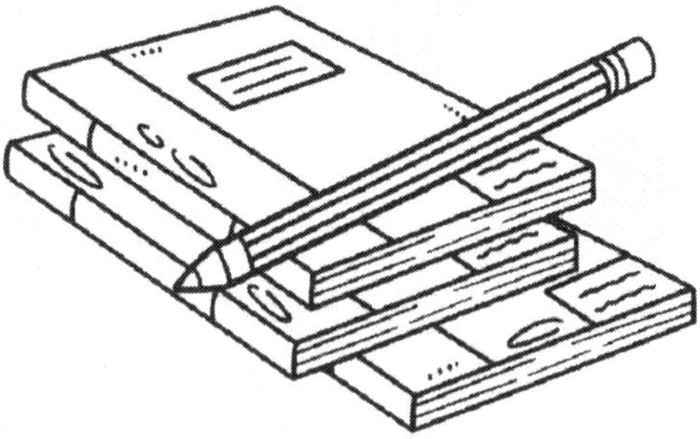

Humorvolle Lernspiele: „Mathe-Monster besiegen“

- **Mathe-Bingo:** Erstellt ein Bingo-Spielbrett mit verschiedenen Matheaufgaben oder -themen. Wenn das Kind eine Aufgabe richtig löst, darf es das entsprechende Feld markieren. Wer zuerst eine Reihe vollständig hat, ruft „Bingo!“ und gewinnt.

- **Wort-Karate:** Schreibt schwierige Vokabeln oder Rechtschreibwörter auf Karten. Wenn das Kind ein Wort richtig buchstabiert oder übersetzt, darf es eine Karate-Bewegung machen, um das Wort „zu besiegen“.

- **Mathe-Staffellauf:** Teilt Matheaufgaben in kleine Teile auf, die auf verschiedene Karten geschrieben sind. Das Kind muss eine Karte lösen, zu dir rennen und die Antwort sagen, bevor es die nächste Karte bekommt.

- **Geschichtenerzählen mit Aufgaben:** Verwandelt Mathe- oder Leseaufgaben in eine fortlaufende Geschichte. Jedes Mal, wenn das Kind eine Aufgabe richtig löst, wird die Geschichte fortgesetzt.

- **Kreative Zeichenpause:** Zeichnet ein lustiges Mathe-Monster auf ein Blatt Papier und lasst das Kind Aufgaben um das Monster herum lösen, um es zu besiegen.

Kreative Lernmethoden: „Das Hausaufgaben-Abenteuer"

- **Hausaufgaben-Memory:** Schreibt die Hausaufgaben auf Karten, mischt sie und lasst das Kind jeweils zwei Karten umdrehen. Es muss die Aufgaben lösen, wenn es zwei gleiche Karten aufgedeckt hat.

- **Hausaufgaben-Etappenrennen:** Teilt die Hausaufgaben in mehrere Etappen auf. Für jede gelöste Etappe kann das Kind eine kurze Pause machen, bevor es zur nächsten Etappe übergeht.

- **Lernspiele-Playlist:** Erstellt eine Playlist mit kurzen Lernspielen oder -aktivitäten, die das Kind zwischen den Hausaufgaben machen kann, um sie spannender zu gestalten.

- **Erzählen vor dem Kuscheltier:** Lasst das Kind seinem Kuscheltier eine kurze Zusammenfassung der Hausaufgaben oder des Fachs erzählen, um das Gelernte spielerisch zu reflektieren und zu festigen.

- **Hausaufgaben-Quizshow:** Ihr könnt die Hausaufgaben wie eine Quizshow gestalten, indem ihr gezielte Fragen zu den behandelten Themen stellt und das Kind ermutigt, spielerisch sein Wissen zu überprüfen und zu festigen.

Praktische Tipps zur Motivation und Organisation

❖ **Motivationshilfe:** Bietet Unterstützung und positive Rückmeldungen für erledigte Hausaufgaben an, um das Engagement und die Eigenmotivation eures Kindes zu fördern.

❖ **Aufgabenliste:** Erstellt eine visuelle Liste der Hausaufgaben und setzt Häkchen für erledigte Aufgaben, um eurem Kind ein Gefühl der Erfüllung zu geben.

❖ **Flexibler Zeitplan:** Ermutigt euer Kind, die Hausaufgaben vor dem Abendessen zu erledigen, aber lasst es selbst entscheiden, wann es die Hausaufgaben erledigen möchte - besonders wenn es auch Sportaktivitäten hat. Verwendet einen großen Tafelkalender oder einen Wochenplaner mit verschiedenen Spalten für jeden Wochentag, um Termine und Aktivitäten wie Hausaufgaben und Sport visuell zu organisieren. Alternativ können spezielle Apps oder Online-Tools genutzt werden, die Kindern helfen, ihre Zeit effektiv zu planen und ihre Aufgaben zu verwalten.

- **Lernpartner:** Lasst das Kind mit einem Freund zusammenarbeiten, um die Hausaufgaben zu erledigen, was nicht nur motivierend ist, sondern auch das Verständnis fördert.

- **Entspannungsphasen:** Lasst euer Kind selbst entscheiden, wann es kurze Pausen zwischen den Hausaufgaben braucht, um ihm Zeit zum Entspannen zu geben und seine Konzentration zu verbessern.

Kapitel 6: Endloser Wäscheberg

„Der Wäscheberg: das moderne Kunstwerk, das sich täglich neugestaltet."

Wäschewaschen Tipps

1. **Eco-Egg Waschkugel:** Verwendet eine Eco-Egg Waschkugel, die ohne herkömmliches Waschmittel auskommt und umweltfreundlich ist.

2. **Bügeleisen-Trick:** Hängt eure Kleidungsstücke direkt nach dem Waschen auf und verwendet gelegentlich ein Dampfbügeleisen, um Falten zu minimieren. Alternativ könnt ihr euch entspannen und Kleidung auch ungebügelt tragen.

3. **Wäschenetze für empfindliche Kleidung:** Nutzt Wäschenetze für empfindliche Kleidungsstücke, um sie während des Waschens zu schützen und ihre Lebensdauer zu verlängern.

4. **Wäsche-Bälle für schnelleres Trocknen:** Werft Wäsche-Bälle in den Trockner, um die Trockenzeit zu verkürzen und Energie zu sparen.

5. **Zitronensaft für weiße Wäsche:** Verwendet Zitronensaft als natürliches Bleichmittel für weiße Wäsche, indem ihr ihn direkt in die Waschmaschine gebt.

6. **Wäscheklammern-Technik:** Hängt Kleidungsstücke mit zwei Wäscheklammern zusammen, nachdem sie aus der Waschmaschine genommen wurden, um sie zusammen aufzuhängen und gleichzeitig zu trocknen.

7. **Waschmaschinenreinigung mit Essig:** Reinigt eure Waschmaschine regelmäßig mit Essig, um Ablagerungen zu entfernen und die Waschleistung zu verbessern.

8. **Natürliche Trocknungstechniken:** Verwendet Trocknungstechniken wie das Aufhängen von Kleidung auf einem Wäscheständer im Freien an sonnigen Tagen, um Energie zu sparen und die Lebensdauer der Kleidung zu verlängern.

9. **Wasserenthärter für hartes Wasser:** Verwendet einen Wasserenthärter, wenn iht hartes Wasser habt, um die Effektivität eures Waschmittels zu verbessern und die Bildung von Kalkablagerungen in der Waschmaschine zu reduzieren.

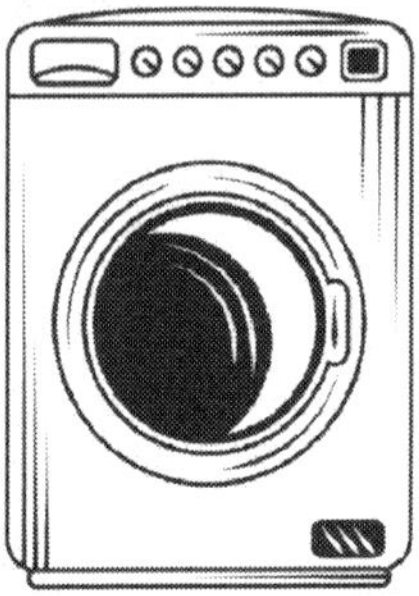

10. **DIY-Farbfixierer:** Stellt euren eigenen Farbfixierer aus Essig und Salz her, um Farben länger frisch und lebendig zu halten.

Minimierung der Wäscheberge

- **Outfit-Rotationssystem:** Erstellt für jedes Familienmitglied ein Outfit-Rotationssystem mit mehreren vorgeplanten Outfits, die in einer Woche getragen werden. Kinder sollten aber die

Freiheit haben, selbst zu entscheiden, was sie anziehen möchten, und auch die Möglichkeit haben, ihre Meinung zu ändern. Ein praktischer Vorschlag wäre zudem, Kleidungsstücke, die nicht schmutzig sind, aufzuhängen, damit sie später noch einmal getragen werden können.

- **Farbkodierte Wäschekörbe:** Verwendet farbkodierte Wäschekörbe für deine Familie. Wenn ein Korb voll ist, wird nur diese Farbe gewaschen, um häufige kleine Ladungen zu vermeiden. Es könnte sinnvoll sein, einen zusätzlichen Korb für Sportbekleidung hinzuzufügen, da diese oft gewaschen werden muss.

- **Wäscheampel:** Führt eine Wäscheampel im Badezimmer oder Schlafzimmer ein, um visuell anzuzeigen, ob Kleidungsstücke sauber genug für eine weitere Verwendung sind (z.B. grün für „sauber genug", gelb für „überprüfen", rot für „waschen").

- **Kleidungstausch-Party:** Organisiert regelmäßig eine Kleidungstausch-Party mit Freunden oder Nachbarn, um

Kleidungsstücke auszutauschen, die nicht mehr benötigt werden, und neue Stücke ohne Kosten hinzuzufügen.

- **Wäscheplan:** Erstellt einen Wäscheplan für Kinder. Zum Beispiel können sie dafür verantwortlich sein, ihre schmutzige Kleidung regelmäßig in den Wäschekorb zu legen oder ihre saubere Kleidung in den Schrank zurückzulegen.

- **Mehrzweck-Kleidungsstücke:** Investiert in vielseitige Kleidungsstücke wie Wandershirts, die mehrere Tage hintereinander getragen werden können, ohne gewaschen werden zu müssen. Wichtig ist, dass diese Kleidung den Kindern auch gefällt. Für Kinder, die stark schwitzen und sich mehrmals am Tag umziehen müssen, sind solche Kleidungsstücke jedoch weniger geeignet.

- **Umgekehrte Kleiderstange:** Verwendet eine umgekehrte Kleiderstange im Kleiderschrank. Hängt die Kleidungsstücke nach dem Tragen wieder auf die umgekehrte Stange. Nach einer Woche können Kleidungsstücke, die noch hängen, gewaschen werden.

- **Trockenshampoo und Dampfreiniger:** Für Kleidungsstücke, die nur leicht verschmutzt sind, kann ein spezielles Trockenshampoo für Textilien verwendet werden. Dieses Trockenshampoo funktioniert ähnlich wie das für Haare: Es absorbiert Fett und Gerüche, ohne dass Wasser benötigt wird. Empfindliche oder zur Trockenreinigung bestimmte Kleidung kann mit einem Dampfreiniger aufgefrischt werden. Wenn dies jedoch zu aufwändig erscheint, ist die Waschmaschine natürlich die einfachere Alternative.

- **Wochenend-Wäsche-Party:** Veranstaltet am Wochenende eine Wäsche-Party für die ganze Familie. Jedes Familienmitglied kann an einem Tag eine bestimmte Wäscheaufgabe übernehmen, um den Prozess zu beschleunigen und den Wäscheberg zu kontrollieren.

- Upcycling und DIY-Projekte: Verwandelt alte Kleidungsstücke oder Stoffreste in neue Artikel wie Putzlappen, Stofftaschen oder sogar neue Kleidungsstücke, um Abfall zu reduzieren und die Lebensdauer von Stoffen zu verlängern.

Waschspiele

Socken-Matching-Wettbewerb:

Mischt alle Socken und lasst die Kinder oder die ganze Familie die passenden Paare finden. Gestaltet das Spiel als Team-Spiel, bei dem alle gemeinsam daran arbeiten, alle Sockenpaare zu finden. Wenn alle Paare gefunden wurden, gewinnt das ganze Team den Socken-Schatz!

Socken-Rennen:

Hängt die frisch gewaschenen Socken auf eine Leine und lasst die Kinder in Teams darum konkurrieren, wer am schnellsten die meisten Socken abnehmen und sortieren kann.

Socken-Lauftanz:

Legt eine Musik auf und lasst die Kinder zu ihrer Lieblingsmusik tanzen, während sie gleichzeitig Socken paarweise aufsammeln und sortieren.

Kapitel 7: Selbstfürsorge & Wellness

„Eltern wissen, dass wahre Selbstfürsorge darin besteht, sich gelegentlich einfach vor den Kindern im Badezimmer zu verstecken."

Kennt ihr das? Ihr schreit, obwohl ihr gar nicht schreien wolltet. Ihr seid genervt, obwohl euer Kind eigentlich nur gefragt hat, was es zu essen gibt, und irgendwie scheint ihr komplett unter Strom zu stehen. Das ist vollkommen normal, wenn ihr euch nicht um euch selbst kümmert und euch keine Oasen der Ruhe und Entspannung schafft.

Wie möchtet ihr die Gläser eurer Kinder füllen, wenn ihr als Krug vollkommen leer seid? Es ist wichtig, euren Krug immer wieder aufzufüllen, um so entspannter durch den Alltag zu gehen. Zumal ihr euren Kindern gegenüber eine große und wichtige Vorbildfunktion habt. Eure Kinder beobachten, was ihr macht (oder – im Fall der mangelnden Selbstfürsorge – nicht macht) und machen euch nach. Kümmert euch also um euch selbst, nehmt euch Zeit für euch, um so entspannter zu sein und besser mit dem stressigen Alltag umgehen zu können.

Humorvolle Rituale

1. **Küchenkaraoke:** Singt laut mit euren Lieblingsliedern oder macht eine lustige Playback-Performance, während ihr in der Küche arbeitet.

2. **Kurze Atemübung:** Nehmt euch bewusst 10 Minuten Zeit, um tief durchzuatmen und euren Geist zu beruhigen, bevor ihr euch wieder den täglichen Aufgaben widmet.

3. **Lustige Podcast-Pause:** Hört während einer kurzen Pause einen lustigen Podcast oder eine Comedy-Show, um herzhaft zu lachen und den Stress abzubauen.

4. **Humorvolle Gedankennotizen:** Schreibt euch in einem Notizbuch die lustigsten oder absurdesten Gedanken des Tages auf, um den stressigen Alltag mit einem Augenzwinkern zu betrachten.

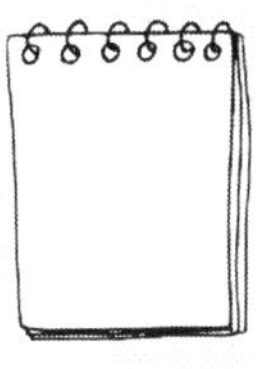

5. **Kurze Kreativpause:** Malt oder zeichnet spontan etwas Lustiges auf einem Notizblock oder in ein Skizzenbuch, um euren Geist zu entspannen und gleichzeitig kreativ zu sein.

6. **Lustige Liste führen:** Haltet auf einer Liste fest, warum eure Kinder heute mal wieder sauer auf euch waren und was ihr in ihren Augen mal wieder falsch gemacht habt. Daraus entsteht früher oder später eine sehr lustige Liste, die auch eine schöne Erinnerung für eure Kinder sein kann (ein passendes Geschenk zum 18. Geburtstag).

Beispiele:

- Geweint, weil sie kein Katzenfutter essen durften.
- Wütend, weil ihr erst die Milch und dann das Müsli in die Schüssel gegeben habt.

10 praktische Tipps für „Ich-Zeit“, die sich gut in den Alltag integrieren lassen

Tipp: Denkt darüber nach, was euch guttun könnte, und erstellt eine Liste mit Ideen, die euch helfen, wenn der Stress eure Gedanken blockiert und ihr Schwierigkeiten habt zu entscheiden, was euch jetzt guttun würde.

1. **Kaffee- oder Teepause:** Genießt bewusst eine Tasse Kaffee oder Tee, ohne dabei an die Arbeit oder Hausaufgaben zu denken. Möglicherweise könnt ihr den Kindern einen Kakao oder einen Kinder-Kaffee zubereiten und deutlich sagen, dass ihr jetzt 5 Minuten für euch braucht. Es ist völlig in Ordnung, den Kindern in dieser Zeit zu erlauben, ein Video zu schauen oder ein Spiel auf dem Handy zu spielen, ohne Schuldgefühle zu haben.

2. **Spaziergang um den Block:** Macht einen kurzen Spaziergang um eure Nachbarschaft, um frische Luft zu schnappen und den Kopf freizubekommen.

3. **Musikhören:** Legt eure Lieblingsmusik auf und tanzt oder entspannt einfach auf dem Sofa, während ihr der Musik lauscht.

4. **Yoga oder Stretching:** Führt ein paar einfache Yoga- oder Dehnübungen durch, um euren Körper zu entspannen und neue Energie zu tanken.

5. **Schnelles Powernapping:** Legt euch für 10-15 Minuten hin und ruht euch aus, um eure Batterien aufzuladen.

6. **Atemübungen:** Macht eine kurze Atemübung, indem ihr tief durchatmet und euch auf euren Atemrhythmus konzentriert, um Stress abzubauen.

7. **Entspannungsmusik hören:** Hört beruhigende Musik oder Naturgeräusche, um euch zu entspannen und den Geist zu beruhigen.

8. **Kurze Meditation:** Setzt euch ruhig hin, schließt die Augen und fokussiert euch für 5-10 Minuten auf eure Atmung, um den Geist zu beruhigen.

9. **Digitale Auszeit:** Schaltet für eine kurze Zeit alle digitalen Geräte aus und verbringt diese Zeit ganz bewusst ohne Bildschirm.

10. **Achtsamkeitsübung:** Nehmt euch einen Moment, um euch auf eure Sinne zu konzentrieren - was hört, seht, riecht, schmeckt ihr gerade? Das hilft, im Hier und Jetzt anzukommen und zu entspannen.

Kapitel 8: Einkaufs-Exkursionen

Praktische Tipps für stressfreies Einkaufen mit Kindern

1. **Einkaufsbingo:** Erstellt eine Bingo-Karte mit Bildern von Produkten, die ihr kaufen müsst. Die Kinder können die Artikel abhaken, wenn sie sie im Laden sehen.

2. **Spannende Supermarktbesuche gestalten:** Macht den Einkauf für die Kinder spannend, indem ihr überlegt, wie ihr das Warten an der Supermarktkasse interessanter gestalten könnt. Zum Beispiel könnt ihr die Kinder fragen, welchen Snack sie für die Kassiererin/den Kassierer kaufen möchten, um eine nette Geste zu zeigen und Stress zu mindern. Alternativ könnt ihr auch Spiele wie „Ich sehe was, was du nicht siehst" spielen, um die Zeit zu vertreiben.

3. **Snack-Pause:** Packt einen gesunden Snack für die Kinder ein, den sie während des Einkaufs genießen können, um sie beschäftigt und zufrieden zu halten.

4. **Produkthelfer:** Lasst die Kinder bestimmte Produkte in den Einkaufswagen legen, um ihnen eine Aufgabe zu geben und sie zu beschäftigen.

5. **Farbenjagd:** Bezieht die Kinder ein, indem ihr sie nach bestimmten Farben in den Regalen suchen lasst. Dies hilft, ihre Aufmerksamkeit zu fördern und macht das Einkaufen für sie spannender. Bedenkt jedoch, dass bei mehreren Kindern jeder aufgeregt sein könnte, seine Funde zu zeigen.

6. **Supermarkt-Safari:** Gestaltet den Einkauf als Safari-Abenteuer. Die Kinder müssen bestimmte „Tiere“ (Produkte) finden und in den Einkaufswagen „fangen“.

7. **Rätsel lösen:** Erstellt kleine Rätsel oder Aufgaben für verschiedene Abschnitte des Ladens. Zum Beispiel: „Finde ein Gemüse, das grün und lang ist."

8. **Einkaufshelfer-Ausweise:** Erstellt kleine „Einkaufshelfer"-Ausweise für die Kinder. Nach dem Einkaufen können sich alle Kinder einen Stempel auf ihren Ausweis holen. Alternativ könnten sie als Belohnung eine Süßigkeit an der Kasse aussuchen. Jedes Kind bekommt eine Belohnung. Vor allem für hochsensible Kinder kann das Einkaufen, sehr anstrengend sein und es fällt ihnen somit manchmal schwer, aktiv mitzuhelfen.

9. **Musik hören:** Gebt den Kindern Kopfhörer und lasst sie ihre Lieblingsmusik oder ein Hörbuch hören, während sie im Einkaufswagen sitzen. Das hält sie beschäftigt und ruhig.

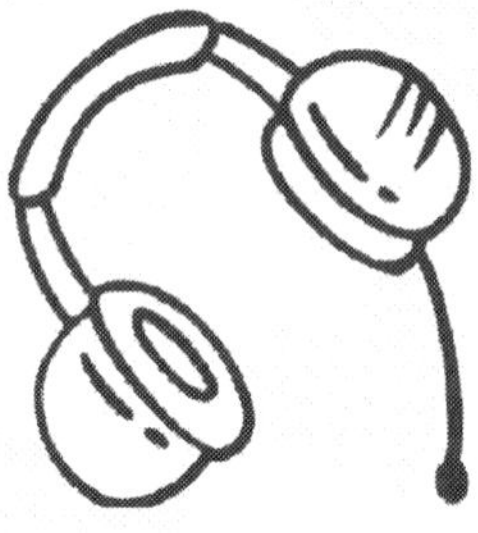

Humorvolle Einkaufsspiele

1. **Lebensmittel-Detektiv:** Gebt den Kindern die Aufgabe, „vermisste" Lebensmittel zu finden. Beschreibt die Produkte humorvoll, zum Beispiel: „Wir suchen eine orangefarbene Karotte, die sich gerne in der Nähe von grünem Salat versteckt."

2. **Die verrückte Einkaufsliste:** Schreibt eine Einkaufsliste mit humorvollen Hinweisen anstelle der tatsächlichen Produktnamen, wie „Milch für die Keks-Armee" oder „Tomaten-Superhelden für die Spaghetti-Mission", wenn genügend Zeit vorhanden ist. Dies kann das Einkaufen für Kinder unterhaltsam machen. Wenn jedoch wenig Zeit zur Verfügung steht, könnte dies zusätzlichen Stress verursachen.

3. **Produkt-Bingo:** Erstellt eine Bingo-Karte mit Bildern oder Namen von Produkten, die ihr kaufen müsst. Die Kinder können die Artikel abhaken,

wenn sie sie im Laden sehen. Der Erste, der eine Reihe voll hat, gewinnt einen kleinen Preis.

4. **Supermarkt-ABC:** Fordert die Kinder heraus, Produkte zu finden, die mit jedem Buchstaben des Alphabets beginnen, vorausgesetzt, ihr benötigt tatsächlich Lebensmittel, die mit diesen Buchstaben beginnen. Beginnt mit „A" (Apfel), dann „B" (Banane) und so weiter. Das macht den Einkauf nicht nur unterhaltsam, sondern auch lehrreich.

5. **Preisjäger - Preisvergleich im Supermarkt:** Gebt den Kindern die Aufgabe, das günstigste Produkt in einer bestimmten Kategorie zu finden, wie zum Beispiel Müsli oder Saft. Das hilft ihnen, ein Gefühl für Preise zu entwickeln und zu verstehen, wie man Geld sparen kann.

Kreative Einkaufslösungen: „Einkaufen ohne Drama“

1. **Einkaufs-Rucksack für Kinder:** Gebt den Kindern kleine Rucksäcke, in die sie ihre eigenen Snacks, Getränke und ein kleines Spielzeug packen können. So sind sie während des Einkaufs beschäftigt und fühlen sich verantwortlich.

2. **Zeit-Slots für den Einkauf:** Plant den Einkauf zu Zeiten, in denen der Supermarkt weniger besucht ist, um Stress und lange Warteschlangen zu vermeiden. Frühe Morgenstunden oder später Abend eignen sich oft besser.

3. **Einkaufsliste mit Bildern:** Erstellt für kleinere Kinder eine Einkaufsliste mit Bildern der Produkte. So können sie aktiv mithelfen, ohne lesen zu müssen, und haben Spaß daran, die abgebildeten Produkte zu finden.

4. **Pausenstation:** Plant eine kurze Pause im Supermarkt ein, wo ihr gemein-

sam eine Kleinigkeit esst oder trinkt. Viele Supermärkte haben inzwischen kleine Cafés oder Sitzbereiche, die sich dafür eignen.

5. **Routenplanung:** Skizziert das Layout des Supermarkts zu Hause und plant gemeinsam die Route, die ihr im Laden nehmen wollt. So vermeidet ihr unnötiges Herumlaufen und die Kinder wissen, was als Nächstes kommt.

6. **Selbstbedienungsscanner:** Nutzt die Selbstbedienungsscanner, die viele Supermärkte anbieten. Kinder lieben es, die Produkte selbst einzuscannen und sind so aktiv eingebunden.

7. **Positive Verstärkung im Supermarkt:** Ermutigt die Kinder zu gutem Verhalten während des Einkaufs durch positive Verstärkung, wie lobende Worte oder kleine Gesten der Anerkennung, ohne ein formales Belohnungssystem zu implementieren.

8. **Positive Interaktion im Supermarkt:** Achtet darauf, die Bedürfnisse und Wünsche eurer Kinder wahrzunehmen und entsprechend darauf einzugehen,

wenn ihr gemeinsam einkaufen geht. Supermarktbesuche können oft überwältigend für Kinder sein, also sei einfühlsam und berücksichtige ihre Gefühle.

9. **Mini-Kochkurs:** Bezieht die Kinder in die Essensplanung mit ein, indem ihr gemeinsam Rezepte auswählt und die Zutaten dafür kauft. Die Kinder können stolz auf „ihre" Gerichte sein und sind motivierter, die Zutaten zu finden.

Kapitel 9: Zeitmanagement

Lustige Zeitmanagement-Spiele: „Der 10-Minuten-Zauber"

1. **Räum-Marathon:** Setzt einen Timer auf 10 Minuten und schaut, wie viel ihr in dieser Zeit aufräumen könnt. Kinder können ihre Zimmer aufräumen und die Eltern das Wohnzimmer oder die Küche. Alle, die mitmachen, können sich danach auf ein gemeinsames Eis oder Dessert freuen oder gemeinsam ein kleines Spiel spielen oder einen Film schauen.

2. **Speed-Cleaning:** Wählt einen Raum aus und versucht, ihn in 10 Minuten gemeinsam so ordentlich wie möglich zu machen. Jeder übernimmt eine Aufgabe: Staubsaugen, Abwischen, Spielzeug wegräumen usw.

3. **Aufgaben-Würfeln:** Schreibt verschiedene 10-Minuten-Aufgaben auf kleine Zettel und legt sie in eine Schale. Würfelt eine Zahl und zieht den entsprechenden Zettel. Alle machen die Aufgabe, bis der Timer abläuft.

4. **Tanzpause:** Nach 10 Minuten konzentriertem Arbeiten oder Hausarbeit gibt es eine 2-minütige Tanzpause. Stellt einen Timer und tanzt wild durch das Zimmer, um danach frisch und motiviert weiterzumachen.

5. **Puzzle-Pause:** Setzt euch ein 10-Minuten-Limit für eine kurze Pause und nutzt die Zeit, um an einem Puzzle zu arbeiten. Nach Ablauf der Zeit geht es wieder zurück zur Arbeit oder Hausarbeit.

6. **10-Minuten-Challenge:** Setzt einen Timer und versucht, innerhalb von 10 Minuten so viele kleine Aufgaben wie möglich zu erledigen: Geschirrspüler ausräumen, Post sortieren, Wäsche zusammenlegen, usw.

7. **Entspannungspause:** Nutzt 10 Minuten für Mandala-Malen (hilft gut gegen Stress) oder für eine andere entspannende Aktivität. So habt ihr eine kurze Auszeit und könnt zur Ruhe kommen.

8. **Garten-Mikroprojekt:** Nutzt 10 Minuten für eine kleine Gartenarbeit wie Unkraut jäten, Blumen gießen oder Blätter harken. Danach fühlt man sich produktiv und erfrischt.

9. **Mini-Yoga:** Macht eine kurze 10-Minuten-Yoga-Session mit einfachen Dehnübungen, um den Körper zu entspannen und neue Energie zu tanken.

10. **Spielzeug-Rennen:** Jeder sucht in 10 Minuten so viele herumliegende Spielzeuge wie möglich zusammen. Das Ziel ist es, das Zimmer gemeinsam aufzuräumen und dabei Spaß zu haben.

Kreative Planungsstrategien: „Der Familien-Zeitplaner"

1. **Wochenplan auf dem Kühlschrank:** Nutzt einen abwischbaren Wochenplaner auf dem Kühlschrank, um die wichtigsten Termine und Aufgaben der Woche für jedes Familienmitglied sichtbar zu machen.

2. **Farbkodierung:** Verwendet unterschiedliche Farben für jedes Familienmitglied im Kalender, um auf einen Blick zu sehen, wer wann was vorhat.

3. **Familienrat:** Haltet wöchentliche Familienbesprechungen ab, um die Woche zu planen, Aufgaben zu verteilen und sicherzustellen, dass jeder weiß, was ansteht.

4. **Task-Jar:** Schreibt alle Aufgaben, die Kinder (ihrem Alter entsprechend) übernehmen können, auf Zettel und legt sie in ein Glas. Jeder zieht eine Aufgabe und erledigt sie. So wird die Aufgabenverteilung spielerisch gestaltet.

5. **Digitaler Kalender:** Nutzt eine gemeinsame Kalender-App, in die alle Familienmitglieder ihre Termine eintragen können. So ist jeder immer auf dem neuesten Stand.

6. **Erinnerungs-Post-its:** Setzt bunte Post-its für wichtige Erinnerungen und To-dos ein. Bringt sie an strategischen Stellen im Haus an, wie zum Beispiel am Badezimmerspiegel oder am Eingang.

7. **Prämiensystem:** Implementiert ein Prämiensystem, bei dem erledigte Aufgaben Punkte bringen, die gegen kleine Prämien eingetauscht werden

können, die für Kinder attraktiv sind und den Alltag verschönern.

8. **Zeitblockierung:** Plant den Tag in Zeitblöcken und reserviert bestimmte Zeiten für wichtige Aufgaben, Pausen und Familienzeit, um sicherzustellen, dass alles seinen Platz findet.

9. **Morgen- und Abendroutine:** Entwickelt klare Routinen für den Morgen und Abend, um den Tag strukturiert zu beginnen und zu beenden, und um Stress zu minimieren.

10. **Flexibilität einplanen:** Lasst bewusst Pufferzeiten im Tagesplan, um unvorhergesehene Ereignisse oder einfach mal eine spontane Pause einbauen zu können.

Praktische Tipps zur effektiven Zeitnutzung

1. **Prioritäten setzen:** Macht eine Liste der wichtigsten Aufgaben für den Tag und arbeitet diese systematisch ab. Fokussiert euch auf die drei wichtigsten To-dos.

2. **Multitasking vermeiden:** Konzentriert euch auf eine Aufgabe, um sie effizient und gründlich zu erledigen. Multitasking kann oft mehr Zeit kosten.

3. **Zeitfresser identifizieren:** Analysiert, welche Aktivitäten euch unnötig viel Zeit rauben, und versucht, diese zu minimieren oder zu eliminieren.

4. **Auf den eigenen Körper hören:** Nutzt Timer oder Alarme, um euch daran zu erinnern, wann es Zeit ist, zur nächsten Aufgabe zu wechseln oder eine Pause zu machen. Achtet dabei darauf, auf eure eigenen Körper zu hören und zu spüren, wann eine Pause für euch sinnvoll ist.

5. **Vorbereitung am Vorabend:** Bereitet so viel wie möglich am Abend vorher vor, wie Kleidung für den nächsten Tag, Frühstücksplanung oder die Schultaschen der Kinder.

6. **Delegieren:** Teilt Aufgaben unter den Familienmitgliedern auf. Jeder kann einen Beitrag leisten, um die Haushaltsarbeit effizienter zu gestalten.

7. **Meal-Prepping:** Plant und bereite Mahlzeiten für die Woche im Voraus vor, um Zeit beim täglichen Kochen zu sparen.

8. **Digitale Ordnung:** Haltet euren digitalen Arbeitsplatz, wie E-Mails und Dokumente, organisiert, um schneller auf wichtige Informationen zugreifen zu können.

9. **Regelmäßige Pausen:** Plant kurze Pausen ein, um geistig frisch und produktiv zu bleiben. Eine kurze Pause kann die Effizienz erheblich steigern.

10. **Nein sagen:** Lernt, unnötige Verpflichtungen abzulehnen, die euch von euren wichtigen Aufgaben ablenken könnten. Überlegt euch, bevor ihr zusagt, ob es wirklich in eure Prioritäten passt. Seid freundlich, aber bestimmt in eurem Nein. Setzt klare Grenzen, um eure Zeit und Energie effektiv zu nutzen.

Kapitel 10: Soziale Erwartungen

„Soziale Erwartungen: Wenn Instagram das perfekte Familienleben zeigt und die Realität ein bisschen mehr nach Improvisationstheater aussieht."

Wie heißt es doch so schön? Lachen ist die beste Medizin! Wusstet ihr, dass alleine die Bewegung, die ihr mit eurem Lippen macht, wenn ihr lachst, Glückshormone in eurem Gehirn freisetzt und sich somit eure Stimmung bessert, euer Wohlbefinden steigert und sich euer Stress reduziert? Stellt euch nun nur einmal vor, was für eine große Auswirkung das Lachen hat, wenn ihr aus vollem Herzen lacht.

„Das Lachen ist eine wertvolle Quelle der Entspannung und des Wohlbefindens. Indem wir uns erlauben, uns an den Humor und die kleinen Freuden des Lebens zu erinnern, die uns in unserer Kindheit oder in unbeschwerten Momenten begleitet haben, können wir Stress abbauen und unsere Stimmung heben. Diese Erinnerungen müssen nicht zwangsläufig an die Kindheit gebunden sein, sondern können aus jedem Lebensabschnitt stammen, der uns Freude bereitet hat. Das Zurückholen dieser spielerischen Leichtigkeit ermöglicht es uns, den Alltag aus einer positiven Perspektive zu betrachten und uns von Sorgen zu lösen. Es stärkt unsere Resilienz und fördert ein gesundes seelisches Gleichgewicht. Kurz gesagt: Lachen und das Loslassen von ernsten Gedanken sind nicht nur angenehm, sondern auch essenziell für unser Wohlbefinden und unsere mentale Gesundheit."

Humorvolle Reflexionsübungen: „Wenn mein Leben eine Sitcom wäre"

1. **Thema der Woche:** Überlegt euch für jede Woche ein Sitcom-Thema, das euren Alltag widerspiegelt. Notieret lustige Begebenheiten oder Missgeschicke, die perfekt in eine Episode passen würden.

2. **Die Titelsong-Challenge:** Wählt einen bekannten Sitcom-Titelsong und schreibt euren eigenen Text, der euren Alltag beschreibt. Singt ihn morgens beim Frühstück, um den Tag humorvoll zu beginnen.

3. **Charaktere skizzieren:** Skizziert die „Charaktere" in eurer Familie oder in eurem Freundeskreis, als wären sie Figuren in einer Sitcom. Was sind ihre typischen Marotten und Running Gags?

4. **Die Cliffhanger-Analyse:** Überlegt euch, wie euer aktuelles „Dilemma" in einer Sitcom als Cliffhanger enden würde. Was wäre die dramatische, aber lustige Wendung?

5. **Flashbacks und Tagträume:** Schreibt kurze „Flashbacks" oder „Tagträume", wie sie in Sitcoms oft vorkommen. Denkt an besonders lustige oder peinliche Momente und stellt sie euch als kleine Szenen vor.

6. **Gastauftritte:** Stellt euch vor, welcher berühmte Schauspieler oder welche berühmte Schauspielerin in eurem Le-

ben einen Gastauftritt hätte und wie diese Person euch bei einem Problem helfen würde.

7. **Werbungspausen:** Plant kleine „Werbungspausen" in eurem Tag ein, in denen ihr euch für ein paar Minuten entspannt oder eine Tasse Kaffee trinkt – so wie eine Sitcom eine Pause für Werbung machen würde.

8. **Die Rückblende:** Schreibt eine kurze Szene, wie ihr euch in 10 Jahren an den aktuellen Tag erinnerst. Was würde die „zukünftige Version" von euch über den heutigen Tag denken?

9. **Running Gags:** Identifiziert die kleinen, wiederkehrenden Witze oder Situationen in eurem Alltag, die als Running Gags in einer Sitcom funktionieren würden.

10. **Der große Lacher:** Beendet euren Tag mit einem „großen Lacher" – denkt an das Lustigste, das euch heute passiert ist, und teilt es beim Abendessen mit eurer Familie, als wäre es der Schlussgag einer Episode.

Kreative Methoden zur Selbstakzeptanz: „Der perfekte Elternschafts-Blog“

Wie lange die Eltern dieser nett in die Kamera lächelnden Kinder wohl gebraucht haben, um alle auf einen Haufen zu bekommen? Wie viele Versuche sie wohl gebraucht haben, um diese kleine Momentaufnahme zu machen, nur um anschließend einen Text zu dem Foto zu schreiben und darüber zu sprechen, wie harmonisch ihre gemeinsame Zeit als Familie doch ist?

Diese Momentaufnahme ist genau das – eine Momentaufnahme. Ein augenscheinlich perfekter Moment in diesem Leben der Familie. Da sie jedoch nur die augenscheinlich perfekten Momente teilt, kommt bei dir möglicherweise schnell die Vermutung auf, dass ihr ganzes Leben perfekt und harmonisch ist.

Reality Check: Keiner hat das perfekte Leben.

Befreit euch von der perfekten Scheinwelt und akzeptiert euren Alltag so, wie er ist. Denn er ist, so wie er ist – trotz (oder genau wegen) Streit, Stress und Chaos – unperfekt perfekt.

1. **Ehrlich und humorvoll:** Schreibt regelmäßig Blog-Posts über die echten, ungeschminkten Seiten der Elternschaft mit einer Prise Humor. Teilt eure Missgeschicke und was ihr daraus gelernt habt.

2. **Fototagebuch:** Führt ein Fototagebuch mit echten, alltäglichen Momenten – keine perfekt gestellten Bilder. Zeigt die Realität hinter den Kulissen.

3. **Zitate des Tages:** Sammelt lustige oder berührende Zitate von euren Kindern oder aus eurem Alltag und postet sie als inspirierende und ehrliche Einblicke in eurem Leben.

4. **„Fail Friday":** Teilt jeden Freitag eine Geschichte über etwas, das in der Woche nicht nach Plan lief. Betrachtet es als Lernmoment und lacht darüber.

5. **Selbstakzeptanz-Challenge:** Startet eine Challenge, bei der ihr und andere Eltern täglich eine Sache teilt, die sie an sich selbst akzeptieren oder mögen, um das Selbstbewusstsein zu stärken.

6. **Die Realität vs. Instagram:** Postet nebeneinander Bilder von „perfekten" Social-Media-Momenten und der echten Realität, um zu zeigen, dass niemand perfekt ist.

7. **Gastbeiträge:** Ladet Freunde oder Familienmitglieder ein, Gastbeiträge zu schreiben, in denen sie ehrlich über ihre eigenen Herausforderungen und Triumphe sprechen.

8. **Dankbarkeitstagebuch:** Führt ein öffentliches Dankbarkeitstagebuch, in dem ihr täglich fünf Dinge notiert, für die ihr dankbar seid. Es hilft, den Fokus auf das Positive zu lenken.

9. **Humorvolle Listen:** Erstellt lustige Listen wie „10 Dinge, die ich heute gelernt habe" oder „Die besten Ausreden meiner Kinder", um euren Alltag humorvoll zu reflektieren.

10. **Community-Building:** Fördert den Austausch und die Unterstützung unter Eltern durch eine Community-Seite, auf der man sich gegenseitig ermutigen und ehrlich austauschen kann.

Praktische Tipps zum Umgang mit sozialen Erwartungen und Druck

Vermutlich kennt ihr den Spruch „Wie man es macht, macht man es falsch." Ihr könnt es in den Augen anderer Menschen niemals vollkommen richtig machen, da jeder Mensch andere Erwartungen, Vorstellungen und Ansprüche hat. Doch ihr könnt es euch selbst recht machen. Ihr könnt euch selbst fragen, was eure Wünsche und Bedürfnisse sind. Was sind eure Wünsche und Bedürfnisse als Familie? Es ist wichtig, euch von äußeren Erwartungen und dem Druck zu befreien und euer Leben so zu gestalten, wie es sich für euch als Familie gut anfühlt.

1. **Setzt Prioritäten:** Bestimmt, was für euch und eure Familie wirklich wichtig ist, und fokussiert euch darauf. Lasst euch nicht von externen Erwartungen ablenken.

2. **Vermeidet Vergleiche:** Erinnert euch daran, dass jeder nur seine besten Momente teilt. Vergleicht eure Realität nicht mit der Highlight-Version anderer.

3. **Sagt Nein:** Lernt, freundlich, aber bestimmt Nein zu sagen, wenn ihr überfordert seid oder keine Zeit habt. Es ist in Ordnung, nicht alles zu schaffen.

4. **Nehmt euch Auszeiten:** Plant regelmäßige Pausen für euch selbst ein, um euch zu erholen und neuen Druck zu vermeiden. Kleine Auszeiten helfen, den Kopf freizubekommen.

5. **Delegiert Aufgaben:** Teilt die Verantwortung zu Hause und bei der Arbeit. Ihr müsst nicht alles alleine machen. Teamwork reduziert den Stress.

6. **Sucht Unterstützung:** Sprecht mit Freunden, Familie oder anderen Eltern über eure Herausforderungen. Oft hilft es, zu hören, dass andere ähnliche Probleme haben.

7. **Setzt realistische Ziele und etabliert kleine Meilensteine:** Überfordert euch nicht mit zu hohen Erwartungen an euch selbst. Setzt euch erreichbare Ziele und feiert kleine Erfolge.

8. **Übt euch in Selbstpflege:** Kümmert euch um euer körperliches und geistiges Wohlbefinden. Ein gesunder Lebensstil hilft, besser mit Stress und Druck umzugehen.

9. **Akzeptiert Unvollkommenheit:** Erkennt an, dass niemand perfekt ist. Fehler und Missgeschicke gehören zum Leben und sind Lernmöglichkeiten.

10. **Bewahrt Humor:** Findet das Lustige im Alltagschaos. Lachen reduziert Stress und hilft, schwierige Situationen leichter zu bewältigen.

Schlusswort

Elternschaft ist eine Reise voller Höhen und Tiefen, die wir gemeinsam meistern. In den Seiten dieses Buches habt ihr gelacht, praktische Tipps ausprobiert und Wege gefunden, um mit dem täglichen Chaos umzugehen. Doch erinnert euch stets daran: Perfektion gibt es nicht. Wir alle machen Fehler und lernen daraus. Was zählt, ist die bedingungslose Liebe, die ihr euren Kindern schenkt.

Indem ihr euch um euch selbst kümmert, zeigt ihr nicht nur euren Kindern, wie wichtig Selbstfürsorge ist, sondern ihr seid auch ein besseres Vorbild für sie. Denn entspannte Eltern bringen auch entspannte Kinder hervor.

Nehmt euch also die Zeit für euch selbst, gönnt euch kleine Auszeiten und erinnert euch daran, dass ihr es verdient, auf euch selbst zu achten und euch selbst ebenfalls zur Priorität zu machen.

Wir hoffen, dass euch dieses Buch geholfen hat, neue Wege zu finden, um den Alltag mit einem Lächeln zu meistern. Macht euch keine Sorgen über die kleinen Unvollkommenheiten. Das Leben als Eltern ist eine wunderbare Reise, die wir mit Humor und Liebe gestalten können.

In diesem Sinne wünschen wir euch und eurer Familie alles Gute!

Herzlichst,

Andrea Hoffmann

Vielen Dank fürs Lesen!

Hinweis vom Verlag:
Hast du ein beschädigtes Buch erhalten? Melde dich unter impulsverlag@freenet.de und du erhältst ein neues, kostenloses Exemplar von uns!

Liebe Leserin, lieber Leser,
nun hast du die letzte Seite dieses Buches erreicht. Hoffentlich konnte es dich unterhalten, fesseln und zum Nachdenken anregen. Danke, dass du deine Zeit und Energie in dieses Buch investiert hast.

Deine Meinung zählt!

Wie hat dir das Buch gefallen? Was fandest du gut?
Rezensionen sind für Autoren unglaublich wichtig. Sie helfen, Bücher zu verbessern und zu verstehen, was Leser und Leserinnen mögen.
Daher wäre es großartig, wenn du dir ein paar Minuten Zeit nehmen würdest, um eine ehrliche Rezension zu hinterlassen.

Dein Feedback ist wertvoll und bedeutet viel! Unser Verlag freut sich außerdem über jede E-Mail von dir. Hast du Verbesserungsvorschläge, Kritik oder Anregungen? Oder möchtest du einfach nur mal plaudern und dich vorstellen?

Schreib uns einfach an:
impulsverlag@freenet.de

Verpasse keine Neuigkeiten!

Du möchtest keine neuen Veröffentlichungen mehr verpassen, kostenlos an Bonusaktionen teilnehmen und noch andere wertvolle und exklusiv für Newsletterabonnenten ausgewählte Inhalte erhalten? Dann schreibe uns eine E-Mail mit dem Betreff "Impulsverlag Newsletter".

Vielen Dank für deine Unterstützung!

Ich freue mich darauf, von dir zu hören.
Andrea Hoffmann und Impuls Verlag

P.S.: Weitere Informationen zu meinen Büchern und Aktivitäten findest du auf:

TikTok: impulsverlag
Instagram: impulsverlag4you

Illustrationen:
Michelle J. Zöchinger

Haftungsausschluss:

Die Inhalte dieses Buches wurden mit größter Sorgfalt und Gewissenhaftigkeit recherchiert und erarbeitet. Obwohl wir davon ausgehen, dass alle Angaben und Informationen sowie die Empfehlungen korrekt sind, übernehmen weder die Autorin noch der Verlag eine Gewähr für deren Richtigkeit und Vollständigkeit.

Weder die Autorin noch der Verlag übernehmen Haftung für etwaige Nachteile oder Schäden, die aus der Nutzung der Inhalte dieses Buches resultieren. Dies gilt insbesondere für direkte oder indirekte Schäden, einschließlich entgangener Gewinne, die durch die Nutzung der Informationen oder der Links in diesem Buch entstehen könnten. Für die Inhalte externer Links wird keine Haftung übernommen; für den Inhalt der verlinkten Seiten sind ausschließlich deren Betreiber verantwortlich. Bei Fragen und Anregungen stehen wir gerne zur Verfügung:

impulsverlag@freenet.de

Impressum:

Anika Pätzold

Pfalz 4

34414 Warburg-Menne

Printed in Germany
by Amazon Distribution
GmbH, Leipzig

34077742R00068